Daniela Ammann

1066. Die Schlacht von Hastings

GRIN Verlag

Bibliografische Information der Deutschen Nationalbibliothek:

Die Deutsche Bibliothek verzeichnet diese Publikation in der Deutschen National-
bibliografie; detaillierte bibliografische Daten sind im Internet über http://dnb.d-
nb.de/ abrufbar.

Impressum:

Copyright © 2013 GRIN Verlag GmbH
Druck und Bindung: Books on Demand GmbH, Norderstedt Germany
ISBN: 978-3-656-43452-8

Dieses Buch bei GRIN:

http://www.grin.com/de/e-book/215107/1066-die-schlacht-von-hastings

GRIN - Your knowledge has value

Der GRIN Verlag publiziert seit 1998 wissenschaftliche Arbeiten von Studenten, Hochschullehrern und anderen Akademikern als eBook und gedrucktes Buch. Die Verlagswebsite www.grin.com ist die ideale Plattform zur Veröffentlichung von Hausarbeiten, Abschlussarbeiten, wissenschaftlichen Aufsätzen, Dissertationen und Fachbüchern.

Besuchen Sie uns im Internet:

http://www.grin.com/

http://www.facebook.com/grincom

http://www.twitter.com/grin_com

UNIVERSITÄT WIEN

1066 – Die Schlacht von Hastings

KU Geschichtswissenschaftliche Arbeitstechniken und Archivkunde

07.01.2013

Inhaltsverzeichnis

1 Einleitung

William – der Bastard – der Herzog der Normandie – der Eroberer – König von England. Ein sehr bewegtes Leben, hatte William, der als Bastard von Herzog Robert der Normandie geboren wurde und sein Sieg über einen ebenbürtigen Gegner, nämlich Harold II. Godwinson ist fixer Bestandteil der Weltgeschichte. Auch durch die Überlieferung durch den Teppich von Bayeux gibt es kaum eine andere mittelalterliche Schlacht, über die so viel bekannt ist und im gleichen Maße so spekulativ ist wie die Schlacht von Hastings am 14. Oktober 1066. Viele falsche Behauptungen, wie, dass König Harold unbeliebt oder waffentechnisch unterlegen war, wurde im Laufe der Jahre von namhaften Historikern widerlegt und langsam zeichnet sich ein realistisches Bild über den Hergang der Schlacht, die trotz allem, nach wie vor einen beeindruckenden Sieg Williams darstellt.

In dieser Arbeit wird nun der Versuch eines Diskurses unternommen und in prägnanter Form ein Bild des aktuellen Forschungsstandes zu zeichnen, die sich auf jene eine Schlacht bei Hastings beziehen. Zu diesem Zweck wird im ersten Teil dargelegt, wer eigentlich Anspruch auf den englischen Thron gehabt hätte und welche Ereignisse dazu führten, dass Harold gegen William in den Kampf ziehen musste und schlussendlich ihm unterlegen war.

Für ein besseres Verständnis der beiden Hauptakteure in der Schlacht, werden auch die Hintergründe der Familie, Erziehung und des Werdegangs dargelegt. Auch werden die anderen historischen Personen beleuchtet, die ebenfalls Ansprüche auf den englischen Thron stellten. Das Hauptaugenmerk liegt allerdings auf der Schlacht selber und so werden beide Heere verglichen anhand der Aufstellung, Waffen und Taktik.

Im Schlussteil soll dann nochmals zusammengefasst werden, welche Faktoren und Strategien dazu geführt haben, dass William der Eroberer zum neuen König von England wurde.

Der aktuelle Forschungsstand dazu ist recht aufschlussreich und schlüssig, auch wenn zahllose Vermutungen bestehen, wie zum Beispiel der wahre Tod von Harold, oder wer nun tatsächlich einen rechtmäßigen Anspruch auf den Thron hatte. Denn es gibt dazu zwar einige Quellen doch sind diese bei weitem nicht verlässlich und zu dem auch sehr widersprüchlich. Dazu kamen auch die politischen Unruhen im Land und der permanente Kriegszustand, der dazu führte, dass es wichtiger wahr einen fähigen Kriegsherren als König zu haben, als einen der durch Geburtsrecht dieses Amt bekommen würde, dass Land selber aber nicht verteidigen könnte.

2 Der Kampf um den Thron Englands

Harold Godwinson war der zweite Sohn des Earl Godwin von Wessex und wurde vermutlich um 1024 geboren. Der älteste Sohn Swein verstarb auf einer Pilgerfahrt und so wurde Harold der Erbe von Godwin. Sein jüngerer Bruder Tostig wurde bei der Schlacht von Stamford Bridge von Harolds Truppen getötet. Harolds andere Brüder Gyrth und Leofwine fielen bei der Schlacht von Hastings.

Earl Godwin war ein sehr einflussreicher und mächtiger Earl, nicht nur dass er sein eigenes Haus zu Wohlstand brachte, eine seiner Töchter, Edith, war Frau von König Edward und ihrer Familie treu ergeben. Godwin lag oft im Zwist mit dem König, da er das Einsetzen von Normannen in wichtige kirchliche und weltliche Ämter stark kritisierte. Dies lässt sich auf die Abstammung von Edward zurückführen, da seine Mutter Emma Normannin war und dazu die Großtante von William, Herzog der Normandie.

Godwin selbst starb noch vor Edward, doch durch Harolds Einsatz in Verhandlungen und Schlachten für den König, war es für Edward klar ihn als neuen Earl von Wessex einzusetzen. Wann Harold bemerkte, dass es zum Thron von England für ihn nicht mehr weit war, ist nicht überliefert. Auch die Diskussion mit einem angeblichen Versprechen Edwards, William als seinen Nachfolger einzusetzen, konnte noch nicht geklärt worden. Allerdings scheint an diesem Versprechen etwas Wahres daran zu sein, da Harold 1064 zu William reiste und ihm seine Unterstützung zusicherte. Dies ist sehr verwunderlich, denn das Haus Godwinson war mehr mit den angelsächsischen und skandinavischen Häusern verbunden außerdem hatte Harolds Vater mehrmals bewiesen, was er von einem normannischen König hielt. Doch Harold schien diesen Schritt als wichtig zu erachten, da er seinen eigenen Herrschaftsantritt durch die politische Instabilität im Land als gefährdet ansah.

Nun kam es aber, dass durch eben jene Instabilität sich das Blatt noch einmal wenden und so wurde Harold zum König von England gekrönt, obwohl es mehrere Kandidaten gab. Zum einen den Neffen des Königs, Edgar. Dieser war allerdings noch viel zu jung und zu unbedeutend. Svein Esthritson behauptete ebenfalls Anspruch auf den englischen Thron zu haben, da er von Edward dazu bestimmt worden sei. Allerdings verließ er England und ging nach Dänemark, was sein Argument nicht unbedingt untermauerte. In Dänemark schaffte er es in kürzester Zeit zum Zweitkönig aufzusteigen. Doch war ihm das nicht genug, doch durch den internen Konflikt und den Krieg mit Norwegen, bluteten Svein aus und so war ein

Stellungskrieg um den englischen Thron 1066 nicht möglich.

Durch den Konflikt mit Svein, war der norwegische König Magnus in starken finanziellen Nöten und so verbündete er sich mit dem reichen Harald „Hardrada" Siguardson, der den Kampf mit Svein fortführte. Allerdings starb Magnus kurz nach dem Bündnis, woraufhin Hardrada norwegischer König wurde. Er schloss auch Frieden mit Svein. Für Hardrada war es nach dem norwegischen Thron wichtiger auch den englischen zu bekommen, der seiner Ansicht ihm gebührte, da sein Vorgänger Magnus einst auf den Thron verzichtete und diesen Edward überließ, aber auch klarstellte, dass er den Thron nach Edwards Tod wieder beanspruchen wollte. Nun war Hardrada gewillt dies ihn seinem Namen als rechtmäßiger König von Norwegen auch durchzusetzen. Er verbündete sich mit dem verbannten Tostig Godwinson, der ihm einredete, Hardrada solle seinen Anspruch geltend machen und in England landen, da sein Bruder König Harold bei den Lords unbeliebt sei und auch das Land von Spannungen geprägt sei. Hardrada packte das Kriegsfieber und landete in England. Jedoch wartete dort bereits Harolds Armee auf ihn. Die Schlacht bei Stamford Bridge wurde Hardrada zum Verhängnis. Harold siegte und schlug die feindlichen Truppen zurück. Auch sein übergelaufener Bruder Tostig fiel in der Schlacht.

Der letzte und wohl gefährlichste Konkurrent von Harold, war William, Herzog der Normandie, der einerseits entfernt mit dem Königshaus verwandt war durch seine Großtante Emma, außerdem heißt es, dass es König Edwards Wille war, dass ihm William auf den Thron nachfolgen würde und noch dazu war auch William wie Harold ein guter Feldheer und im Gegensatz zu den anderen „Anwärtern" in keinen anderen Krieg verwickelt und so hatte William genug Ressourcen, den Anspruch und genügend Zeit einen Einmarsch vorzubereiten. Williams Beiname „der Bastard" haftete ihm sein ganzes Leben an und prägte ihn. Obwohl er nicht der erste illegitime Herzog der Normandie war. Sein Vater, Herzog Robert, konnte seine Mutter nicht heiraten, da er bereits mit einer anderen Frau verlobt war. Stattdessen verheiratete er sie mit einem seiner Vicomtes, womit er gleichzeitig die Illegitimität Williams offenlegte. Es besteht die Annahme, dass durch diesen Schnitzer in seinem Leben, William sich umso mehr anstrengte etwas Bedeutendes zu erreichen. Da sein Vater früh verstarb, forderte Heinrich I. sein Vorrecht ein und stellte William unter seinen Schutz. So war er mit dem französischen König freundschaftlich verbunden, der ihm als fünfzehnjähriger die Schwertleite gab und zum Ritter schlug. In der Normandie allerdings

herrschte Chaos. Vor allem Guy von Burgund wettere gegen den jungen Herzog und wollte so einen neuen Herzog etablieren. Diese Versuche schlugen fehl und so war nach fünf Jahren Williams Herrschaft in der Normandie bereits fest etabliert. Tugenden wie Mäßigkeit, Energie, Geduld, Frömmigkeit und Staatskunst wurden ihm zugeschrieben, aber auch außerordentlicher Mut, Tapferkeit, schnelle Auffassungsgabe, Geschick und Ehrenhaftigkeit auf dem Schlachtfeld zeichneten ihn aus. In der Normandie war er daher sehr beliebt und durch seine für das Mittelalter schiere Größe[1] ein beeindruckender Mann. Durch seine Lehenspflicht gegenüber Heinrich I. und der Tatsache, dass William in einem Jahrhundert des Krieges lebte, musste er sich bereits früh im Krieg beweisen und kämpfte daher in vielen Schlachten für den französischen König. Durch die Erfolge dort, festigte sich seine Stellung in der Normandie und einen erstklassigen Ruf bei seinen Soldaten, die ihm daher ohne weiteres, sowie auch weitere Kampfverbände aus französischen Provinzen nach England folgten. Bei seiner Machtübernahme in England sind vor allem seine zwei Halbbrüder wichtige Stützen und Verbündete gewesen. Einerseits Odo, Bischof von Bayeux und Graf von Kent, andererseits Robert, Graf von Montain und später größter und mächtigster Landbesitzer Englands.

---

[1] William war 1,70 m groß

3 1066 – Die Schlacht von Hastings

William plante seinen Eroberungsfeldzug sehr genau. So wollte er bereits im Sommer nach England übersetzen. Dies wurde aber durch das Wetter vereitelt.

Doch im September war es dann soweit. Das Wetter klarte auf und so konnte William den Ärmelkanal überqueren und in Pevensey, an der Südküste Englands, und begann dort einen Brückenkopf zu errichten, da er nicht mit einem Sieg über Harolds Streitkräfte rechnete und so für Nachschub an Ressourcen sorgen wollte. Dafür führte er sogar Holz für zwei Burgen mit, die er für diesen Zweck errichtete. Durch das Material ist man daher der Meinung, dass diese nur temporär gedacht waren. Zwei Tage nach der Schlacht von Stamford Bridge, _die Normannen_ landen. Harold feierte seinen Sieg über Hardrada in York und erfuhr erst um den 1. Oktober von der Landung. Im Eilmarsch kehrte er mit seinem Heer nach London zurück und zog von dort aus weiter nach Hastings, wo er sich am Senlac Hill positionierte. Harold hatte wohl keine Bedenken an einem Sieg, denn die Soldaten dienten ihm schon lange, so der Großteil aus früheren Schlachten und alle hatten sie bei Stamford Bridge gekämpft und gesiegt.

Die Schlacht von Hastings fand einige Kilometer nördlich der Küstenstadt statt. Nach der Schlacht wurde auf dem Gelände ein Kloster errichtet sowie entstand die kleine Stadt Battle. Doch 1066 war es ein leeres Gelände, mit leichten Hügeln. Harold bezog bei seiner Ankunft seine Stellung auf dem Senlac Hill und sicherte sich so einen ersten taktischen Vorteil, da so der Feind hügelaufwärts angreifen musste.

Die Annahme, dass Harold waffentechnisch und taktisch gegenüber William unterlegen war, ist heute nicht mehr korrekt. Im Gegenteil. Das Heer unter Harold zeichnete sich als sehr flexibel aus und auch als schnell. Im Kampf selbst, verwendete Harold keine Kavallerie. Die Pferde blieben hinter der Linie und wurden nur dann bestiegen, wenn der Feind flüchtete und sie diesen nachsetzten. Waffentechnisch kämpften auf beiden Seiten Bogenschützen und Sperrträger. Auf Harold Seite gab es auch Bauern, die zu Soldaten ausgebildet waren, die Steine auf den Feind schleuderten. William kämpfte allerdings mit einer Kavallerie, was ihm einen entscheidenden Vorteil brachte. Doch taktisch waren sich beide Heere anfangs ebenbürtig.

Harold war ein sehr guter Stratege und setzte seine Taktiken flexibel und situationsbedingt ein. Doch die Aufstellung blieb immer die gleiche. Als Schildwall, in der Mitte die königlichen

Huscarls[2] und an den Flügeln die Fyrd[3], positioniert auf dem Hügel wartete das Heer auf die feindlichen Truppen. William hingegen setzte auf eine dreigliedrige Formation. In den frühen Morgenstunden des 14. Oktober 1066 brachte er diese in Stellung. In den ersten beiden Linien die Infanterie und dahinter in drei Blöcken die Kavallerie. Den mittleren Block führte William selbst an mit seiner normannischen Kavallerie, links die bretonische Kavallerie und rechts eine Mischung aus anderen Berittenen.

William startete den Angriff auf den Schildwall der Angelsachsen. In erster Linie ließ er seine Infanterie angreifen mit Bogenschützen und Speerträgern. Nach kurzer Zeit begann aber auch die Kavallerie mit Angriffen. Diese Angriffe wurden über Stunden fortgesetzt ohne den Schildwall von Harold zu durchbrechen. Normalerweise endeten mittelalterliche Schlachten nach einer Stunde, da sie entschieden oder beendet waren. Nicht so die Schlacht von Hastings. In dem Chaos entstand sogar das Gerücht, dass William gefallen sei, weil alle normannischen Reiter gleich aussahen. Dies belegt auch der Teppich von Bayeux. Doch William zog seinen Helm herunter und lieferte damit den Gegenbeweis. Dies gab den Kämpfern wohl wieder neue Kraft für ein schwieriges Manöver: der vorgetäuschte Rückzug[4]. Dieses Manöver war ein sehr schweres, denn es musste glaubhaft sein und verlangte viel Disziplin und Können. Doch ein Grund dafür war rasch gefunden: Aufgrund der schieren Übermacht von Harolds Schildwall, brach der linke Flügel von Williams Heer aus, der Schildwall von Harold brach auf um die Flüchtenden zu verfolgen. Diese jedoch kehrten um und metzelten die Verfolger nieder. Darunter vermutet man auch die Brüder Harolds Gyrth und Leofwine. So entstanden Lücken im Schildwall und William ließ erneut die Bogenschützen durch hohe Schüsse angreifen. Harold versuchte seine Truppen neu zu formieren, doch durch Ermüdung war es vielen Soldaten nicht mehr möglich den Schild gegen den Pfeilhagel zu heben und wurden in den Kopf getroffen. Darunter auch Harold, der nach Berichten ins Auge getroffen wurde. Durch den Fall ihres Heerführers, flohen viele Soldaten vom Schlachtfeld. Die Kavallerie von William konnte endgültig den Schildwall durchbrechen und so die Angelsachsen besiegen.

---

[2] schwer gerüstete Berufssoldaten
[3] Truppe der englischen Dienstpflichtigen
[4] in Vegetius „De re militari" beschrieben, ein vielgelesenes Buch zur Kriegstaktik im Mittelalter. Das Manöver verlangt Disziplin und Können der Reiter, muss zum richtigen Moment und überzeugend eingesetzt werden und kann daher auch nicht wiederholt werden in ein und derselben Schlacht.

4 Der Teppich von Bayeux

Der Teppich von Bayeux ist wohl die bedeutendste und auch spekulativste Quelle über den Hergang der Machtübernahme der Normannen in England. Ein altbekannter Spruch sagt ja: „Die Geschichte wird von Siegern geschrieben." So stellt der Teppich die Sichtweise der Normannen dar. Teilweise lässt sich der Hergang, der auf dem Teppich dargestellt ist auch mit anderen Quellen beweisen, allerdings gibt es für einen Großteil der Darstellungen keine Beweise über deren Echtheit und ob sie sich tatsächlich so zugetragen haben.

Über 70 Meter lang, stellt die Stickerei darauf die Schlacht von Hastings dar sowie die Vorgeschichte zu diesem Ereignis. Die Hauptakteure darauf sind William, sein Halbbruder Odo von Bayeux und Harold.

Die Geschichte beginnt 1064. Edward, König von England und kinderlos, entsendet Harold in die Normandie um das Versprechen gegenüber William als seinen Erben nochmals zu bestätigen. Der Teppich zeigt nun die Reise Harolds mit seinem Gefolge. Harold wird gefangene genommen, der Bote Williams wird geschickt und Harold zu William gebracht. Nach einem Kampf mit anderen Bedrohungen, wo Harold William hilft, schwört dieser ihm einen Eid. Der Teppich berichtet, dass Harold den Eid freiwillig ablegte und Vasall von William wurde. Harold kehrt nach England zurück und berichtet Edward. Da gibt es einen zeitlichen Sprung. Edward wird zu Grabe getragen. Krönung von Harold durch Stigand. Die Nachricht trifft in der Normandie ein, William befiehlt Schiffe zu bauen und sein Heer zu bewaffnen. Sie überqueren das Meer und landen in Pevensey. Williams Männer reiten nach Hastings um Vorräte zu erbeuten. Hastings wird befestigt und das Heer sammelt sich um gegen Harold in den Kampf zu ziehen. Danach erscheinen die Reiter bis zu der Inschrift: *Hier fallen Leofwin und Gyrth, die Brüder König Harolds*. Engländer und Franzosen fallen in der Schlacht. Odo und William motivieren ihre Kämpfer. Harold fällt. Die Darstellung auf dem Teppich ist unklar, wie er getötet wurde. Die Angelsachsen fliehen vom Schlachtfeld. Die letzte Szene wurde im 19. Jahrhundert restauriert und bricht abrupt ab. Vermutet wird die Krönung Williams als Schlussbild.

5 Schluss

Zusammenfassend lässt sich sagen, dass aus heutiger Sicht und der zahllosen widersprüchlichen Quellen sich nicht genau sagen lässt, wer nun tatsächlich Anspruch auf den Thron hatte. Edward der Bekenner hatte eine angebliche Verpflichtung gegenüber König Magnus von Norwegen durch den Vertrag von Gotha 1038. Worauf dieser den Thron beanspruchen konnte, nach Edwards Tod. Da Magnus aber vorher starb, sah nun Hardrada als neuer König seinen Anspruch, in diesem er auch von Tostig Godwinson gefördert wurde, der durch die Verbannung gegen seinen eigenen Bruder vorgehen sollte. Harold hat rechtlich gesehen keinen Anspruch auf den Thron, wenn man auf dem Geburtsrecht beharrt. Doch wurde er laut den Quellen einstimmig zum neuen König gewählt, da er die militärische Fähigkeit mitbrachte das Land zu verteidigen. Allerdings überschattet die vorschnelle Krönung am Tage des Begräbnisses von Edward die Legitimität dieser Wahl. Svein der von Dänemark aus versucht Ansprüche zu stellen, scheitert durch den langen Krieg mit Norwegen überhaupt eine Eroberung zu starten. Auch sind die Argumentationen von seiner Seite nicht schlüssig, noch dazu verleugnet er die Existenz eines Vertrages von Gotha von 1038. Edgar, der Neffe von Edward, hätte zwar das Geburtsrecht, aber war zu jener Zeit zu jung und unerfahren, dass dies keine Option war. William hatte auch kein Geburtsrecht, seine Großtante Emma war in das Königshaus eingeheiratet, aber dies sprach nicht für ihn. Angeblich gab es nur den Wunsch Edwards, der mit den Normannen freundschaftlich verbunden war und auch viele von ihnen an seinem Hof hatte, dass William, der zwar Bastard aber immerhin Schützling des französischen Königs und Herzog der Normandie war, ihm als Erbe auf den englischen Thron folgen sollte. Die Wahl die Harold zum König machte, beruhte einzig und allein auf der angeblichen Tatsache, dass sich Edward auf dem Sterbebett anders entschieden hätte und Harold zu seinem Erben bestimmte. Darüber gibt es allerdings keine Aufzeichnung oder einen Beweis. Schon durch dieses Chaos kann nicht gesagt werden, wer der eigentliche rechtmäßige König Englands wäre.

William aber durch seine Leben geprägt, großes zu bewegen, schien sehr viel von seinem Anspruch zu halten und setzte daher nach England über und so das Land zu erobern. Harold war William strategisch ebenbürtig. Daher beschloss er Stellungen zu errichten um für Nachschub zu sorgen, da er eben nicht mit einem schnellen Sieg über Harolds Truppen rechnete.

Schluss

Dies wäre auch so gekommen, wenn Harold nicht ein entscheidendes Problem gehabt hätte. Im Norden wurde er von Hardrada und seinem Bruder bedroht. Er konnte sein Heer innerhalb eines Monates zusammenstellen und nach Norden führen. Dort kam es dann zur Schlacht von Stamford Bridge wo er Hardrada und seinen Bruder besiegte. Zur gleichen Zeit erfuhr er mitten in den Siegesfeiern von der Landung Williams im Süden. Also musste er erneut seine Truppe mobilisieren und gen Süden führen. Dies war wohl der erste Faktor, der William zum Sieg verhalf, denn sein Heer konnte einen stundenlangen Angriff auf Harolds Schildwall kompensieren, während die Kämpfer Harolds durch die langen Wege und die zweite Schlacht in kürzester Zeit bereits an Energie verloren hatte bevor der Kampf überhaupt losging.

Zweitens war wohl bekannt, dass Harolds Truppen jeden verfolgten und niederschlugen, der sich zurückzog. Dies nutze William wohl um mit seiner Taktik zu siegen, als er einen Teil seiner Kavallerie den Rückzug befahl und sie die verfolgenden Truppen angreifen ließ.

Drittens: durch den Sieg über Harold und durch die Befestigungen im Süden, konnte William nur teilweise von Harolds Gefolgsleuten aufgehalten, immer weiter in das Landesinnere vorstoßen und sich so in London zum König krönen lassen.

William war laut Aufzeichnungen ein sehr bedachter Mensch. Er wusste wann es nötig war zu kämpfen und wann nicht. So scheint seine Herrschaft auch etwas an Legitimität erhalten zu haben, denn er und seine Erben hielten sich lange am englischen Thron. Bündnisse wurden durch Heirat geschlossen und so weitere größere Auseinandersetzungen innerhalb des Landes verhindert. William I. folgten seine Söhne William II. und Heinrich I. von England auf den Thron und auch als Herzöge der Normandie nach.

6 Literaturverzeichnis

Bennett, Matthew u.a.: Kriege im Mittelalter. Schlachten – Waffen – Taktik. Aus dem
Englischen übersetzt von Karin Schuler und Werner Roller. Stuttgart: Theiss 2009.

Bichler, Alexander: England 1066. Schlachten und Taktik. Dipl. Universität Wien 2008.

Daniell, Christopher: Atlas of medieval Britain. London, New York: Routledge 2011.

Douglas, David C.: Wilhelm der Eroberer. Herzog der Normandie. Aus dem Englischen von
Edwin Ortmann. München: Diederichs 1994.

Gameson, Richard: The study of the Bayeux Tapestry. Woodbridge: The Boydell Press 1997.

Grape, Wolfgang: Der Teppich von Bayeux. Triumphdenkmal der Normannen. München,
New York: Prestel-Verlag 1994.

Jäschke, Kurt-Ulrich: Wilhelm der Eroberer. Sein doppelter Herrschaftsantritt im Jahre 1066.
Sigmaringen: Thorbecke 1977 (Vorträge und Forschungen, Konstanzer Arbeitskreis
für mittelalterliche Geschichte, Sonderbd., 24).

Patourel, John le: The Norman Empire. Oxford: University Press 1976.

Sarnowsky, Jürgen: England im Mittelalter. Darmstadt: Primus Verlag 2002.

Vollrath, Hanna; Fryde, Natalie (Hrsg.): Die englischen Könige im Mittelalter. Von Wilhelm
dem Eroberer bis Richard III. München: C.H. Beck 2009².

Wilson David M.: Der Teppich von Bayeux. Aus dem Englischen übersetzt von Wolfgang Proll.
Frankfurt/Main, Berlin: Ullstein, Propyläen Verlag 1985.